16	3	2	13
5	10	11	8
9	6	7	12
4	15	14	1

Duda Machado

MARGEM DE UMA ONDA

editora■34

EDITORA 34

Editora 34 Ltda.
Rua Hungria, 592 Jardim Europa CEP 01455-000
São Paulo - SP Tel/Fax (011) 816-6777

Copyright © Editora 34 Ltda., 1997
Margem de uma onda © Duda Machado, 1997

A FOTOCÓPIA DE QUALQUER FOLHA DESTE LIVRO É ILEGAL,
E CONFIGURA UMA APROPRIAÇÃO INDEVIDA DOS
DIREITOS INTELECTUAIS E PATRIMONIAIS DO AUTOR.

Imagem da capa e 4ª capa:
Fotografia de Pedro Franciosi

Projeto gráfico e editoração eletrônica:
Bracher & Malta Produção Gráfica

1ª Edição - 1997

Catalogação na Fonte do Departamento Nacional do Livro
(Fundação Biblioteca Nacional, RJ, Brasil)

Machado, Duda, 1944-
M149m   Margem de uma onda / Duda Machado. —
São Paulo: Ed. 34, 1997
112 p.

ISBN 85-7326-074-2

1. Poesia brasileira. I. Título. II. Série.

CDD - B869.1

A Zilda Machado, minha mãe,

Loide Bilezikjian,

e Ana Helena Souza

ORAÇÃO COM OBJETOS

a Ana Helena

desconectados, imersos
na mais compacta exterioridade

já não se atingem
em seus próprios domínios

um mútuo desgarre
desterra as partes
que parem o mundo

— volta à superfície
ânimo
salve

definição vária
de seres, coisas, estares

alma do gesto que escolhe
olho que impele o toque

amor
me acolhe

MANHÃ PISCINA

na nudez do maiô
a figura inteira absorta
espraia em olhar-se

(entre um andar e outro
estreita-se a cabine
do elevador)

quando solta em seguida
os cabelos
deles desprende
um clima autônomo
de brisa

é assim que antecipa
ao fundo agora fluido
do espelho
seu banho
— leveza de manhã piscina —

dá-se então que da borda
o observador
em cisma atira-se
ao fundo — nada
em água primeira feminina

CIRCUNAVEGAÇÃO

verbo que move o som
e outros sentidos

pacto
com o silêncio

colheita
de uma densa devastação

milimétrica medida
sopro súbito

monólogo
ao vento

manufraturada
flora de filamentos

fio que contém
seu próprio precipício

rio de todas as águas
a cada mergulho renascido

corpo-a-corpo
e inteira mente

MITO

I

essa terra
quer água

a sombra dessa árvore
traz sossego

aqueles braços
se abraçavam

e é parte de ser
entendê-los

II

antes, mais aquém
alinha-se o que há de

quando e para quem
não há de ser sempre tarde?

É SÓ DEPOIS

é só depois
do que foi
um porque
foi como
foi

é só depois
de como não foi
um porque
foi que não
foi

é só depois
e ainda assim
quando há
porque e
depois

FANTASMA CAMARADA

Psiu.

Nobre Leão desce a Rio Branco.
Na esquina sessenta decola,
Terno todo em corte radiofônico
Com pompa seu grave pomo engrola.

Vai alto sol, posto-dois distância,
Calor-neblina de onde janeiro
Guia três à toa em barra-mansa.

A todo gás vem, trama um tempero,
Drible de lotação no asfalto:
Tempo — transoblíquo gaiato.

URUBU-ABAIXO

overdose de dezenas
de dúzias
desovam
desossam
desencarnam

subterrâneos jardins de infância
de quem mais carniça que criança

abocabraba
saliva rala

tudo que os exprime
reinventa o crime

etês
erês

num bafo de forra
vão mamando cola

ALMANAQUE I

A matéria das estrelas
A primeira incógnita matemática

O que as ondas propagam
O mais leve dos átomos

A unidade das distâncias cósmicas
O corpo vegetativo das algas

O círculo que gira sobre si mesmo
A forma definitiva do inseto

O resultado da decomposição da luz
A temperatura do sangue nos répteis

A função do nó
O que não é absoluto no ciclo

ALMANAQUE II

A forma da curva
O estado em que não há mais peso

Os condutos do sangue
A massa invisível do universo

A camada sob a crosta terrestre
O último ato do escorpião

Os olhos dos insetos
O ponto do céu acima do observador

A energia condensada
A vegetação das alturas

A curva quadrática
O fim do labirinto

MARGEM DE UMA ONDA

você entra no mar
mas é deserto
areia empedran-
do até os ossos

(ondas do mar de Vigo
como hei de estar contigo?)

mar que se diz deserto
mas onde água é ter nome

a uma onda extrema
quer te levar o poema

lá onde é tão difícil
estar — onde é sem nome

CARTÕES-POSTAIS

Atravessar a obscuridade aclara.
Do rigor da ausência surge o sentido.
O que foi se renova e revém sob luz rara.
Viver inclui o que poderia ter sido.

VIDA NOVA

Sim. "A ironia domina a vida."
E a forma não pode desmenti-la.
Mas não faz falta uma perspectiva
Que domine também a ironia?

BRINDE

Aí onde és comigo o exílio
de ter sido, recebe o meu abraço,
irmão para sempre ambíguo.

DENTRO DO ESPELHO

dentro do espelho
não mais nos vemos

a seu redor, cada objeto imprime
uma velocidade indefinível

já não importa a distância
a mesma nitidez alcança
o que está perto
e o que é remoto

assim persiste
até que uma fadiga
a cada coisa
desdobra e dissipa

qual um acorde
um desmentido
uma propulsão
um vácuo

rumo a um
nada extraordinário

O REINO

o vento parece expandir o horizonte

copas, sombras,
curvas de ramos,
o açúcar das folhas
sob o sol

silhuetas entre dunas,
vazante,
comprimentos
de ondas de luz

aqui
junto a um novo domínio,
ânsia e tempo

se distendem
no ar,
imune a qualquer sentido

— quem reina?

uma modulação
capaz de afinar
o entendimento

APROXIMAÇÃO

Só te entregas
A mim
Se me entrego
A ti
Livrando-me
De mim.
Mas esse outro

De mim
Só desdobra
Em mim
Aquele outro
Sem fim
Que se encerra
Em ti.

RESUMO QUASE ABSTRATO

o quarto
— depois de condensar
tempo e espaço —
se concentrou
na janela e, esta,
sem outra saída,
encontrou o vácuo
e o limite da calçada,
embaixo.

AO DOBRAR UMA ESQUINA

a sombra como uma carícia
toma o corpo inteiro e se refina
mais ainda ao toque dos dedos
e lábios do vento

a mente se ergue comovida
diante de um estar a que aspira
mas tão contrário às condições
em que habita

onde ventos se enfrentam de todos
os lados e as sombras
são outras
— que impedem a visão

um desabrigo que nos
impõe a disciplina
de construir
nosso próprio clima

LEITURA DO CRISTAL

Sob a imaginação que indaga
esse cristal se quebra;
em vez de seus prismas,
lê-se a vigília, a véspera,
percussão de hipóteses
a espalhar rasuras
no lugar do nome.

Todo cristal propõe
essa memória obscura
(paisagem perdida
entre informe e ruína)
ou: a fenda de seus prismas.

MERIDIANO

tempestades sem céu
de noites em claro

em que o espírito
rasga a carne
e a memória se contrai
ante um mapa

de linhas equívocas
cujos pontos foram percorridos
ao vivo
entre gestos hipnoticamente acesos

ignorantes
inacessíveis estrelas:
viver também pode
ser longe

acordar é raro
breve

um cochilo, piscar de olhos
por onde irrompe
o entrevisto espanto
do que somos

acordar é um sonho

DURAÇÃO DA PAISAGEM

Esquece a música.

Antes sustentar a tensão
a ponto de contemplá-la
dentro ainda
de sua permanência.

A partir daí
— o mundo intacto —
vai-se abrindo um espaço,
paisagem não-preenchida,
habitada somente
por uma duração
para a qual acordamos
e, na qual, às vezes,
podemos existir.

PATHETIC FALLACY

Como um sol que sofresse todo dia
ao pressentir a aproximação da noite

EM SUA CIDADE

Era mais uma vez
a cidade à sua volta
e Tainheiros,
o porto, a praia,
onde tantas vezes,
encenara o rito
de um tesouro escondido
e a promessa de atingi-lo.

A luz retalhava, imobilizava
o mar. E agora, na cidade baixa,
ríspida, grifava as ruínas
do casario. Meninos,
mendigos circulavam
entre vendedores.
Cestos de laranja, manga, banana,
esparramavam-se pela calçada.

Um dispositivo íntimo,
destinado a anular
toda presença,
interceptava o contato
e o retraía, ainda tenro,
à raiz do pânico,
onde respirar
era também um recomeço

e voltar a si
reerguia o mundo
aonde sempre esteve,
além de qualquer tentativa
de fuga ou de domínio.

DEVORAÇÃO DA PAISAGEM

À esquerda, o morro. Logo
adiante casas, o arvoredo
vário. Um pouco abaixo,
a estrada, o riacho.

Cores que ultrapassam distâncias,
sugestões de textura
entre vegetação e vento;
o olhar que erra e se prolonga
em busca de sua moradia.

De algum lugar,
distante das retinas,
a fera irrompe
e de pronto,
a paisagem se contrai.

Já é presa,
repasto de significados
com que a fera
realimenta sua fome.

OS DEUSES E SEUS PRÓXIMOS

Também conheci deuses
e sei que eles não morrem.
São apenas abandonados
por sua condição original
e, de fato, nem se lembram
mais dela. É esta completa
amnésia que lhes permite,
já vulgares e envelhecidos,
viver cotidianamente.

Outros — bastante atônitos —
lamentam o fim de um tempo
imóvel, perfeito. Deuses
caídos em desgraça, talvez.
Na maior parte, semi-deuses
ou até mesmo mortais,
definitivamente assombrados
após seu contato com os deuses
e o vislumbre do eterno modelo.

ESPÉCIME

este animal
— que artista —
só dá o salto
depois de desfazer
seu próprio rastro

EM TEMPO

Horácio abandonou teus passos,
agora outra bengala te ajuda
a tropeçar. Não confias sequer
no dia de hoje, mesmo assim tentas
pisar. Antes rondavas o prazer,
nada mais te move. Mas não a mim.

TRÂNSITO

I

o carro estaciona
e a grama,
sob a luz do farol,
finge
— por um momento —
o orvalho

II

em meio à avalanche
do cotidiano e à improvável
aparição do outro,
a iminência — sempre —
da aliança entre o mesmo
e o surpreendente

TREVO

I

os poemas
em que se quer acordar
e regressar à noite

II

a forma
na qual o olhar se fixa,
já esquecido de ver

III

uma imagem à deriva
tão densa
em seu ensimesmamento

a ponto de excitar
o desejo de forma
até esgotá-lo

e reafirmar sua deriva
várias oitavas acima

IMITAÇÃO DAS COISAS

a Boris Schnaiderman

Vamos, dedique-se por inteiro
às aparências, às coisas propriamente
ditas. Procure freqüentá-las,
trazê-las para dentro de si mesmo,
incorporá-las dia a dia,
a cada instante,
por mais irrisório/absurdo que pareça.

Pode ser, no entanto, que você
não resista o tempo todo
e, de vez em quando, se afaste
da consistência das coisas
e se deixe levar
pelo hábito de transformá-las
em encantamento ou profundidade.

Não se perturbe. Ao persistir,
voltaremos mais uma vez a elas,
imperfeitos e concentrados
— como no amor —, decididos
a alcançá-las, embora adivinhando,
e já pouco importa, que ainda
não estamos preparados.

FÁBULA DO VENTO E DA FORMA

dizemos vento para dizer
o frágil, efêmero,
o que se mostra inalcançável
ou não tem fundamento

também
acaso
impulso
destino

assim reunidas
essas palavras passam
a permutar suas atmosferas
respectivas

que nada têm
do vento quando
parece acompanhar
o curso d'água
e duplicá-lo

como se antes mesmo
de completar sua passagem
se dissipasse
num movimento
acima dos sentidos

outro, como se sabe,
é o desígnio da forma,
não só o de querer
persistir pela combinação
de suas cláusulas

mas desdobrá-las
em metamorfoses sempre dispostas
a absorver em si mesmas
o que lhes resiste
ou se mostra inalcançável

até tocar o limite
de sua própria negação
como o vento
sobre a harpa eólia
ou nos móbiles de Calder

SANTOS DUMONT n° 1

a Guto Lacaz

Na primeira viagem,
a três mil metros,
as nuvens em ebulição
lançavam jatos coloridos
de vapor gelado.
E o único som era
o latido dos cães.

Súbito uma cortina desceu,
o barômetro subiu uns 5 mm.
Sobrecarregado pela neve,
o balão caía como nuvem.
Ainda se viam os instrumentos,
a barquinha, parte do cordame.
Depois, o próprio balão desapareceu.

Foi quando, por um instante,
experimentamos a sensação
de estarmos suspensos no vácuo,
como se tivéssemos perdido
nosso último grama de gravidade
e nos achássemos prisioneiros
do nada opaco.

SANTOS DUMONT   n° 2

A ascensão fora em Péronne,
no entardecer de um dia
tempestuoso. Estava só,
perdido nas nuvens, entre
relâmpagos e trovões, e a noite
se fechava à minha volta.
O balão avançava à toda, mas

eu não sentia nenhum movimento.
Uma espécie de alegria
selvagem me dominava.
Lá no alto, no meio das trevas
rasgadas pelos raios,
eu me sentia parte
da própria tempestade.

    Nota: *Santos Dumont n° 1* e *Santos Dumont n° 2* são transcrições de dois trechos do livro *Os Meus Balões*, tradução do original francês *Dans l'Air* de Alberto Santos Dumont. A transcrição não é inteiramente literal, recorre a alguns cortes e a uma ou outra adaptação. Li pela primeira vez o livro ao escrever um espetáculo sobre Santos Dumont, em parceria com o artista Guto Lacaz.

CARAPICUÍBA

sentados
as cabeças caindo
uma a uma
o sono
resistindo aos freios
aos solavancos
do ônibus

em pé
compactados num híbrido
de cabeças e braços
que não permite
distinguir seus donos
se equilibram

vacilam
e obstinados
se agarram
ao silêncio
último recurso
de espaço

FIM-DE-SEMANA

No Buraco do Sapo
com a polícia atrás.
No desespero a moto
decolou uns quinze metros.

Cinco pedaços de serra
dentro da calcinha
para o marido na cadeia.
Um tiro só na testa
ao sair do Palácio do Forró.

A Honda se espatifou
junto com o cara
em cima do telhado.
Dois filhos
mais de quatro meses de gravidez
presa ali mesmo na revista.

Já entraram no barraco fuzilando.
No balão de oito metros de largura
o nome dele estava escrito
com lanternas na rabeira.
Deixaram um corpo amarrado no poste
pra todo mundo ver.
A maior parte
é no fim-de-semana.

INTERFERÊNCIA

I
no início
a surpresa
de fala rápida
sussurrada ao ouvido

súbito,
violência
de argumento:
premissa e conclusão

numa sentença única
a se reengendrar
contínua,
devastadora

II
a voz se recolhe
(sua força, sua própria
identidade mais se afirmam
quando irreconhecida)

na rua, entre os que passam,
o espaço se restaura,
e dentro dele,
retomo meu caminho

AVENTURA DA COR

transportada por luz
e sombra, a cor
se fixa; remaneja
outras à sua volta,
altera com leveza
o volume
e, ao transpor uma lacuna,
se detém;
calcula o vazio,
volta, e cai
sobre si mesma,
massa, pétala, matiz
que se abre à retina

NO TREM

À janela do trem,
entrego-me à possibilidade
de um estado que consistisse
apenas na idéia de recordar.

Uma margem de tempo
sempre ao alcance,
mas sem qualquer dado preciso,

uma dobra da memória
feita só da presença
de ser possível.

GIRO

a Hélio R.S. Silva

Mon cher,
hoje a fuga é
o sonho de milhões.

(Daqueles mortais, filhos da nova ânsia
que foram a multidão em sua infância.)

E talvez
o desejo de fuga ou
de consumo sem fadiga,
última visão da Ilha,
agora esconda
— recalcada, inquieta —
uma imagem coletiva:
a Cidade Deserta.

Entre cimento
e fumaça,
somos
tão só o vento
que por
ela passa.

HAMLET, ATO I, CENA I

Como Horatio,
queremos que a ilusão permaneça
ainda que termine por nos esmagar.

ESPAÇO COM VOZES

junto aos montes, abandonando
as grutas, as vozes iam
se firmando uma a uma, até
se apresentarem todas lado
a lado, em tons e falas variadas

ainda que o teor
das falas fosse claro,
sua coexistência prevalecia
sobre o que era dito
e afirmava seu principal sentido

também as vozes, apesar
da vibração contínua,
insinuavam uma existência além
de seu próprio limite físico
enquanto se deixavam
traduzir no espaço

como se abandonando
as grutas junto aos montes,
ganhassem o ar,
encobrissem o rio, o vale,
à imagem de nuvens tomadas
pela ambição de fixar-se

POÉTICA DO DESASTRE

Cada detalhe se emancipa; entre
eles vínculo nenhum subsiste,
nem sua disparidade implica
qualquer combinação imprevista.

Moldados pela desagregação,
apegam-se ao enclausuramento
que os faz resistir.

Contra-organizam o desastre:
são sua composição.

FRAGMENTOS PARA NOVALIS

I

Eras íntimo da noite em que lias
o triunfo do incondicionado
sobre as coisas, a equação
entre morte e absoluto,
a conjunção de opostos
em que estrelas figurassem o dia.

II

Uma outra imagem do espírito,
sem miragem ou arrebatamento,
conduz à aventura do discípulo
que, ao levantar o véu
da deusa de Saïs, descobre
com assombro seu próprio rosto.

III

A erva
a fera
a pedra
podem ser diálogo.

IV

Navegador da forma enquanto sonho
Descobridor do sonho enquanto forma.

V

À margem da obra
que começava a ser
pensastes a clareira das formas
que viriam a ser.

*A narrativa semelhante ao sonho;
o caminho misterioso*
sob a consciência,
reconfigurado pelo verbo
em seqüências de sons
que se repercutem

e parecem pairar
acima das palavras,
abaixo do entendimento,
até que, à distância,
entre fragmentos, aflore
uma semântica submersa.

VI

Um substrato matemático
para a imaginação: o desconhecido,
cálculo potencial do conhecido.

VII

O primeiro momento consiste
em admitir no completo
uma cortina e um limiar.

Vidência então seria imaginar
a cortina se abrindo e
pelo pensamento transpor o limiar.

CONDIÇÃO

Conhecimento, seja.
Mas sempre tão recente
que apenas se desprende
do não-conhecimento.

TRAÇO E MOVIMENTO

a brisa esperada
em noites de verão

as conversas
em volta da fogueira
o atlântico

a flor futura
o fruto
inscritos no vento

o espaço da praça
entre as esquinas
nas várias horas do dia

o louco à noite
cobrindo o arbusto
com folhas de jornal picadas

camadas de terra
raízes
pedras
entre o radar
e seu objeto

PARÊNTESE

"Há muita esperança, mas não para nós", disse K.
E pôs alguma fé em suas palavras.

ROTEIRO DE UMA NOITE

Já não era mais o passeio
pelo bairro. Uma rotação
comprimia o tempo, misturava
épocas. Precipitadas,
desertando o chão,
casas, ruas, um remoto
sobrado no interior,

edifícios, cidades em que
havia morado, debandavam,
deixando-o para trás.
Por fim veio a expulsão,
primeiro do sonho,
depois do sono,
e a noite inteira pela frente.

FLORES DE FLAMBOYANT NA CALÇADA

A chuva, o vento da noite
devem ter sido a causa.
O cuidado para não pisá-las,
o sobressalto, a lembrança

de ter quase esbarrado
no mendigo dias antes.
Seus olhos se abrindo,
o brilho úmido percorrendo

agora estas flores de flamboyant
sobre a calçada,
a tornar as árvores
mais próximas e mais claras,

parte de um campo de forças
que as próprias pétalas organizam
e nos envolve e nos faz voltar
para contemplá-las mais uma vez,

a exigir uma despedida cabal,
um compromisso da memória,
antes de regressarmos submissos
a uma separação mais decisiva.

IDÉIAS DE SILÊNCIO

I

igual a dizer,
o silêncio engana
nos interstícios,
na mente concentrada,
símbolos matemáticos,
aquários,
e nos signos transformados
em ausência para encontrá-lo

II

dizer também pode
fazer do silêncio
um círculo e nele se inscrever
para depois se expandir
em outro círculo
no centro do qual
está concentrado
o silêncio

III

há quem afirme
o silêncio
uma procura sem nexo
pois nem constitui objeto

então desistimos
e ele se vai

DE UM INSTANTE A OUTRO

no retângulo da sala
a pequena mobília,
a estante; indistinto,
sem oferecer contraste,
ele tende a integrar-se
ao mesmo nível opaco

não fosse
um impulso através
do qual o instante,
até então amortecido,
desponta nele
mais uma vez

e indicativo, recompõe
distâncias, enquanto
o antes opaco,
ao ser expulso,
espelha outros
antes idênticos

sob a força
desta interrupção recente,
a que — agora— se dedica
por inteiro,
tentando transformá-la
numa espécie de freqüência,

pode-se até mesmo
dizer esperança,
mas conseqüente,
já que deixa visível
a decepção da qual
provém e depende

À NOITE NA ESTRADA

Amo, quando à noite,
na estrada, me domina
a sugestão vinda
de uma ou outra casa, vista
de longe, e depois recordada.

A calma conferida pela distância,
a clareza do recorte que se destaca
e é quase um movimento de subida;
a gratidão por esse instante
a prolongar-se em eco,

e a envolver tudo,
brisa
ainda há pouco formada,
a confluência
entre passagem e morada.

ÍNDICE

Oração com objetos	7
Manhã Piscina	9
Circunavegação	11
Mito	13
É só depois	15
Fantasma Camarada	17
Urubu-Abaixo	19
Almanaque I	21
Almanaque II	23
Margem de uma onda	25
Cartões-Postais	27
Vida Nova	29
Brinde	31
Dentro do espelho	33
O reino	35
Aproximação	37
Resumo quase abstrato	39
Ao dobrar uma esquina	41
Leitura do cristal	43
Meridiano	45
Duração da paisagem	47
Pathetic Fallacy	49
Em sua cidade	51
Devoração da paisagem	53
Os deuses e seus próximos	55
Espécime	57

Em tempo	59
Trânsito	61
Trevo	63
Imitação das coisas	65
Fábula do vento e da forma	67
Santos Dumont nº 1	69
Santos Dumont nº 2	71
Carapicuíba	73
Fim-de-semana	75
Interferência	77
Aventura da cor	79
No trem	81
Giro	83
Hamlet, Ato I, Cena I	85
Espaço com vozes	87
Poética do desastre	89
Fragmentos para Novalis	91
Condição	95
Traço e movimento	97
Parêntese	99
Roteiro de uma noite	101
Flores de flamboyant na calçada	103
Idéias de silêncio	105
De um instante a outro	107
À noite na estrada	109

Este livro foi composto em Sabon pela
Bracher & Malta, com fotolitos do
Bureau 34 e impresso pela Editora
Parma em papel Pólen 80 g/m² da Cia.
Suzano de Papel e Celulose para a
Editora 34, em setembro de 1997.